Der kleine Häwelmann

Ein Kindermärchen von
Theodor Storm
mit Illustrationen von
Ingeborg Meyer-Rey

Der Kinderbuchverlag Berlin

Es war einmal ein kleiner Junge, der hieß Häwelmann. Des Nachts schlief er in einem Rollenbett und auch des Nachmittags, wenn er müde war; wenn er aber nicht müde war, so mußte seine Mutter ihn darin in der Stube umherfahren, und davon konnte er nie genug bekommen.

Nun lag der kleine Häwelmann eines Nachts in seinem Rollenbett und konnte nicht einschlafen; die Mutter aber schlief schon lange neben ihm in ihrem großen Himmelbett. „Mutter“, rief der kleine Häwelmann, „ich will fahren!“ Und die Mutter langte im Schlaf mit dem Arm aus dem Bett und rollte die kleine Bettstelle hin und her, und wenn ihr der Arm müde werden wollte, so rief der kleine Häwelmann: „Mehr, mehr!“, und dann ging das Rollen wieder von vorne an. Endlich aber schlief sie gänzlich ein; und soviel Häwelmann auch schreien mochte, sie hörte es nicht; es war rein vorbei.

Da dauerte es nicht lange, so sah der Mond in die Fensterscheiben, der gute alte Mond, und was er da sah, war so possierlich, daß er sich erst mit seinem Pelzärmel über das Gesicht fuhr, um sich die Augen auszuwischen; so etwas hatte der alte Mond all sein Lebtage nicht gesehen. Da lag der kleine Häwelmann mit offenen Augen in seinem Rollenbett und hielt das eine Beinchen wie einen Mastbaum in die Höhe. Sein kleines Hemd hatte er ausgezogen und hing es wie ein Segel an seiner kleinen Zehe auf; dann nahm er ein Hemdzipfelchen in jede Hand und fing mit beiden Backen an zu blasen. Und allmählich, leise, leise, fing es an zu rollen, über den Fußboden, dann die Wand hinauf, dann kopfüber die Decke entlang und dann die andere Wand wieder hinunter. „Mehr, mehr!" schrie Häwelmann,

als er wieder auf dem Boden war; und dann blies er wieder seine Backen auf, und dann ging es wieder kopfüber und kopfunter. Es war ein großes Glück für den kleinen Häwelmann, daß es gerade Nacht war und die Erde auf dem Kopf stand; sonst hätte er doch gar zu leicht den Hals brechen können.

Als er dreimal die Reise gemacht hatte, guckte der Mond ihm plötzlich ins Gesicht. „Junge", sagte er, „hast du noch nicht genug?"

„Nein", schrie Häwelmann, „mehr, mehr! Mach mir die Tür auf! Ich will durch die Stadt fahren; alle Menschen sollen mich fahren sehen."

„Das kann ich nicht", sagte der gute Mond; aber er ließ einen langen Strahl durch das Schlüsselloch fallen; und darauf fuhr der kleine Häwelmann zum Hause hinaus.

Auf der Straße war es ganz still und einsam. Die hohen Häuser standen im hellen Mondschein und glotzten mit ihren schwarzen Fenstern recht dumm in die Stadt hinaus; aber die Menschen waren nirgends zu sehen. Es rasselte recht, als der kleine Häwelmann in seinem Rollenbette über das Straßenpflaster fuhr; und der gute Mond ging immer neben ihm und leuchtete. So fuhren sie Straßen aus, Straßen ein; aber die Menschen waren nirgends zu sehen. Als sie bei der Kirche vorbeikamen, da krähte auf einmal der große goldene Hahn auf dem Glockenturme. Sie hielten still. „Was machst du da?" rief der kleine Häwelmann hinauf.

„Ich krähe zum erstenmal!" rief der goldene Hahn herunter.

„Wo sind denn die Menschen?" rief der kleine Häwelmann hinauf.

„Die schlafen", rief der goldene Hahn herunter, „wenn ich zum drittenmal krähe, dann wacht der erste Mensch auf."

„Das dauert mir zu lange“, sagte Häwelmann, „ich will in den Wald fahren, alle Tiere sollen mich fahren sehen!“

„Junge“, sagte der gute alte Mond, „hast du noch nicht genug?“

„Nein“, schrie Häwelmann, „mehr, mehr! Leuchte, alter Mond, leuchte!“ Und damit blies er die Backen auf, und der gute alte Mond leuchtete, und so fuhren sie zum Stadttor hinaus und übers Feld und in den dunkeln Wald hinein. Der gute Mond hatte große Mühe, zwischen den vielen Bäumen durchzukommen; mitunter war er ein ganzes Stück zurück, aber er holte den kleinen Häwelmann doch immer wieder ein.

Im Walde war es still und einsam; die Tiere waren nicht zu sehen; weder die Hirsche noch die Hasen, auch nicht die kleinen Mäuse. So fuhren sie immer weiter, durch Tannen- und Buchenwälder,

bergauf und bergab. Der gute Mond ging nebenher und leuchtete in alle Büsche; aber die Tiere waren nicht zu sehen; nur eine kleine Katze saß oben in einem Eichbaum und funkelte mit den Augen. Da hielten sie still. „Das ist der kleine Hinze!“ sagte Häwelmann, „ich kenne ihn wohl; er will die Sterne nachmachen.“ Und als sie weiterfuhren, sprang die kleine Katze mit von Baum zu Baum. „Was machst du da?“ rief der kleine Häwelmann hinauf.

„Ich illuminiere!“ rief die kleine Katze herunter.

„Wo sind denn die andern Tiere?“ rief der kleine Häwelmann hinauf.

„Die schlafen“, rief die kleine Katze herunter und sprang wieder einen Baum weiter; „horch nur, wie sie schnarchen!“

„Junge“, sagte der gute alte Mond, „hast du noch nicht genug?“

„Nein“, schrie Häwelmann, „mehr, mehr! Leuchte, alter Mond, leuchte!“ Und dann blies er die Backen auf, und der gute alte Mond leuchtete; und so fuhren sie zum Walde hinaus und dann über die Heide bis ans Ende der Welt, und dann gerade in den Himmel hinein.

Hier war es lustig; alle Sterne waren wach und hatten die Augen auf und funkelten, daß der ganze Himmel blitzte. „Platz da!“ schrie Häwelmann und fuhr in den hellen Haufen hinein, daß die Sterne links und rechts vor Angst vom Himmel fielen.

„Junge“, sagte der gute alte Mond, „hast du noch nicht genug?“

„Nein!“ schrie der kleine Häwelmann, „mehr, mehr!“ Und – hast du nicht gesehen! fuhr er dem alten guten Mond quer über die Nase, daß er ganz

dunkelbraun im Gesicht wurde. „Pfui!“ sagte der Mond und nieste dreimal. „Alles mit Maßen!“ Und damit putzte er seine Laterne aus, und alle Sterne machten die Augen zu. Da wurde es im ganzen Himmel auf einmal so dunkel, daß man es ordentlich mit Händen greifen konnte. „Leuchte, alter Mond, leuchte!“ schrie Häwelmann, aber der Mond war nirgends zu sehen und auch die Sterne nicht; sie waren schon alle zu Bett gegangen. Da fürchtete der kleine Häwelmann sich sehr, weil er so allein im Himmel war. Er nahm seine Hemdzipfelchen in die Hände und blies die Backen auf; aber er wußte weder aus noch ein, er fuhr kreuz und quer, hin und her, und niemand sah ihn fahren, weder die Menschen noch die Tiere, noch auch die lieben Sterne.

Da guckte endlich unten, ganz unten am Himmelsrande ein rotes rundes Gesicht zu ihm herauf, und der kleine Häwelmann meinte, der Mond sei wieder aufgegangen. „Leuchte, alter Mond, leuchte!“ rief er. Und dann blies er wieder die Backen auf und fuhr quer durch den ganzen Himmel und gerade drauflos. Es war aber die Sonne, die gerade aus dem Meere heraufkam. „Junge“, rief sie und sah ihm mit ihren glühenden Augen ins Gesicht, „was machst du hier in meinem Himmel?“ Und – eins, zwei, drei! nahm sie den kleinen Häwelmann und warf ihn mitten in das große Wasser. Da konnte er schwimmen lernen.

Und dann?

Ja und dann? Weißt du nicht mehr? Wenn ich und du nicht gekommen wären und den kleinen Häwelmann in unser Boot genommen hätten, so hätte er doch leicht ertrinken können!